소 풍

2011@4월 윤기영·소풍

2011년 4월 10일 1판 1쇄 초판 인쇄
2011년 4월 15일 1판 1쇄 초판 발행

지은이 : 윤기영
펴낸이 : 우미경
펴낸곳 : 도서출판 현대시선

등 록 : 제387-2006-00017호
본 사 : 서울시 동대문구 장안동 394-15호 203호
대표전화 070-8887-8233
지 사 : 경기도 부천시 원미구 원미동 147-12호 3층
02-844-6867 팩시밀리 02-831-5832
이메일 : hdpoem55@hanmail.net

정 가 : 8.000원
ISBN : 978-89-92687-24-9-03810

윤기영의 네 번째 시집

도서출판/현대시선

저자의 말

우린 왜 시를 쓰는가에 많은 사람들이 질문을 던지기도 한다.

이렇듯 우린 상실감과 외로움에서 벗어나려 시를 쓰는 지도 모른다. 그리고 시의 대상은 사람이라는 것을 우린 너무 잘 알고 있기 때문에 시의 대상을 찾는지도 모른다.

시를 쓴다는 자체가 공포인지도 모른다.

아니 어쩌면 당연한 일이다 시인이 글을 쓰는 것은 그 대상을 찾아 독자에게 전달하려고 노력하려는 강한 표현력이 있기 때문이다.

어떤 대상에 대하여 무수한 감정, 반응을 일으키게 하고 느낄 수 있도록 하는 능력이며,

대상으로부터 감각되고 지각되어 하나의 표상을 형성하게 되는 인식능력인 것이다. 따라서 감성은 이성과 함께 우리의 정신세계를 형성하고 있다는 것이다.

시적 요소인 은유나 위트보다는 인간 세상의 끔찍한 일을 표현하고 재구성하는 일이다.

체험은 좀 더 리얼하게 느끼도록 사실감이 있도록

간접체험으로 시의 세계의 지적 호기심을 이끄는데 한몫을 한다.

결코 논리적인 사고나 합리적인 사고가 시를 창작케 하는 것이 아니다. 그것이 무엇이든 간에 사물에 닿아서 시인의 가슴에 구체적인 감정과 느낌을 생생히 불러일으킬 수 있는 투명한 감성이 시를 낳는 것이다.

시를 창작하는 시인들은 우리 영혼을 이끌어
가는 정신적 지주인 것이다.

그래서 시집을 출간 한다는 것은 시인들의 꿈이기도 하지만 죽는 날까지 마음을 잘 가꾸며 살아가는 시심(詩心)의 소유자가 시인이라는 것을 명심했으면 좋겠다.

네 번째 시집을 출간하면서
나의 생각을 올바르게 전달하는 것이 지금까지의
나의 견해차이라는 것을 알았다.

늘 부족하지만 영화 소풍을 제작 연출하면서 내가 보고 느낀 점과 정서적인 언어를 적절히
배합해 독자의 마음을 어떻게 자극할 수 있을까
많은 고민 끝에 출간을 결심하게 되었다.

2011년 4월 10일
저자 윤 기 영

목 차

1부. 소풍

2부. 뻐꾹새 같은 당신

3부. 그 길은 지주다

4부. 우주는 감옥이다

소풍

파도가 미쳤는지 가끔씩 방해도 하고
바다에 멍석을 펴니
카메라는 이따금씩 오작동도 했지

많이 알려지지 않은
온갖 태풍을 견뎌온
이름 없는 나무 한그루 심었지

-원산도 중에서-

그 섬에 갇혔다

계절은 비를 안고 들어왔다
그 날짜를 잃어버릴까 봐 뜯어먹고 앉아
기호법을 잃지 않도록 진통의 불을 밝히며
통화를 누르지 않고 그 길을 걸었다

빗속에 밀입국해온 유효기간 넘은 우산
콘크리트 진동하며 날아오르던 그 섬에 갇혀
팔을 길게 내밀어 보지만
먼 발소리 겨우 이어져 끼니처럼
버리지 못한 계절이 예고 없이 찾아온다면
온몸이 다 잠들지 못한 바람의 계단을 밟고서
내 존재의 끝은 어디냐고 물었다

그 섬에 가면 빗소리에 쓸려 잊혀질 섬이라고
혹독하게 술 취한 지나가는 말이라고.

그 꿈을 기억하나요

그리운 것들이 잠자리에 쓰러진다
소풍 노래를 들으니 내 인생 같아
잠시 먼 등대를 방안에 불러 숨소리를 듣는다

난 푸른 꿈을 못 버린 채 가두었다
겨울은 내 마음처럼 얼어붙어
추위에 인생을 써내려 간다
가끔 위독한 마음이 솟구치고 나면
어둠을 밝히는 목소리가 안부처럼 들린다

이름 없는 길은 너라고 믿는다
겨울처럼 추워야 봄을 안다고 했듯
걸음이 지나고 보니 가슴을 등에 지고
날갯짓을 흉내 내며 번식되어 갔다

그리움에 사무치는 노래를 들었다
텅 빈 방에서 허공을 끌어안고 속삭였다
두 눈이 어두웠다가 밝아졌다 하는 것을 느끼며
노랫말처럼 가슴에 상처 되어 무너져 내렸다
아름다운 날들 배낭 속에 넣고 아침으로 간다.

이별의 칼로

모두에게 마음을 나누어 주고 싶다
새해가 되니 나누어 줄 건 없고
시인이기에 시를 적어 소박한 꿈을 전하고 싶다

이해도 시를 찾아 너에게 보낸다
너는 시가 싫다고 먼발치 비켜 어슬렁대니
시에 고꾸라져 눈이 멀도록 아파도 봐라
저해가 가도 기다려 주지 않는다

올해는 너와의 약속이 있지
바람이 부는 데로 문밖 소리를 들으며
시의 주인이 누군지 찾아 떠나자고 했나
아직도 나에게 미련이 남았다는 거겠다

우리 모두 시를 찾아 여행을 떠나자
잊혀가는 좁은 문을 두드리며
계절을 바꿔 타보기도 하고
가끔은 오라에 향기를 묶어 음미도 해보며
진솔한 시인의 소리를 뼛속까지 세기어보며
이별의 칼로 시가 아프다 할 때까지 찔러보자.

하얀 풍경

저물어가는 강의 늪에 잡히고 있다
얼마나 많은 속삭임이 포개 누웠는지
희미해가는 물결로 어둠이 밀려들어 출렁인다

강줄기 사이를 바라보았다
요란한 풍경들이 눈을 통과해 뇌를 뚫고
순식간에 주차장으로 변하는가 하더니
네온 불빛 비밀통로로 끌고 들어간다

자동차를 끌어가도 좋아는 다시 들을 수 없었다

적막의 소리로 강을 녹이고 간다
이미 정해졌던 떨어지는 석양을 보니
잠시 계절은 발걸음을 부려놓고
바라보던 추운 곳이 어디쯤일까
어느 창문에 번쩍임을 걸어놓고
오래되지 않은 영화는 지루하지 않다.

내 마음의 에필로그

세상을 가두었던 카메라 뚜껑을 열고
까만 필름 고요히 가라앉은 수은가루
광란하듯 치달아 오르던 첫날

태양광에 찬란히 산란하다
무겁게 주저앉고 말던 서투른 네 몸짓에
얼어붙었던 내 눈길
막장에서 치달아 오르다
물먹은 듯 주저앉던 내 인생 보는 것 같아
뿌옇게 아려왔지

벗어날래야 벗어 날 수도 없었던
그해 여름 무더위 땀에 절었던 내 영혼

카메라 감독은
하릴 없이 망원렌즈 없는 카메라 탓하고
속이 시커멓게 타들어가
서성이던 조명가게 유리문 앞
멍들어가던 자존심 낡은 구둣발로 뭉게도
라이트는 빌려야 했다

장난감 가게 앞에서
빈손 부끄러운 아비 뒷주머니 힐끗거리던
철없던 내 아이들처럼
배우들은 야윈 필름 뒤에서
낯 선 눈동자를 들이대곤 했지
수근거림은 울렁거림을 낳았지

태풍 없이도 마음에 소용돌이 몰아치던
여름, 여름, 여름,

화려하게 3만배로 인화될
빛의 힘을 믿기에
언젠가는 빠져나갈 수은 찌거기를 몸에 바르고
낡은 철통에서 인고의 세월을 묵묵히 견뎌온
필름의 의지를 그대는 아는가

수은은 눈물처럼 빠지고
가벼워진 필름은 온 빛을 머금었다
1초 1초 24프레임으로 달려온
내 삶의 망설임과 내 삶의 질주
마침내 네 망막에서 폭발할
내 아픔의 함성.

소 풍·1

-원산도1-

소풍을 한 장 한 장 벗겼지
저 바다에 짓밟힌 꿈
무거웠던 사슬을 벗겼지

지금처럼 믿을만한 연장선은 없었지
소풍을 여기에 묻어 놓으려
가장 비싼 가장 싼 어느 여름
백사장에 콘서트가 시작됐었지

파도가 미쳤는지 가끔씩 방해도 하고
바다에 멍석을 펴니
카메라는 이따금씩 오작동도 했지

많이 알려지지 않은
온갖 태풍을 견뎌온
이름 없는 나무 한그루 심었지

저 백사장에
한 남자의 이름이라지
검은 언어를 잘 펴놓고
맡겨 놓을 수 있을 것 같아
어느 여름날 소풍은 우주가 되었다.

소 풍·2

-원산도2-

저 바다는
본능적 내 가슴을 끌어안았다

균열된 문장을 잉태하기도 하고
내 폐부에 독이 되기도 했지
오래전 자폐증을 앓듯
투명한 독을 마시며 살았다

안개의 바다엔
언어 마술사가 있어
날렵한 문장에 맨발의 영혼들
한땐 영화 바닥에 파문을 몰고도 왔지
그렇듯 꿈이 시들지 않은
그 열정들이 모여 시작되었다

외로운 섬과 섬 사이
우리가 만들어 갈 영혼이기에
하늘에 낼 길을 희망하며
저 높은 창공을 바라보며
날기 위해 날개를 편다.

소 풍·3

-시대적 증후군-

어느 자판에 실렸다
하루에 35명씩 자살 한다고
무관심한 듯 바쁘게 지나가는 사람들
또 다른 채널
중국산을 국산으로 둔갑해 판다고 실렸다

섬의 고통은 바다라고 했다
태풍을 견뎌 만들어진 섬
낮선 타인들이 만나 사는 곳
섬에게 아무도 슬퍼하거나 아파하지 않았다

우린 그 섬에 검은 보자기를 풀었다
독자의 눈을 의식하듯
원죄를 벗어나려 완전 범죄를 저질렀다

죽음을 넘나드는 사람들에게 희망이 되려고
자극할 수 있는 감성을 이끄는데
당신을 부르며 머나먼 길을 걷고 또 걸었다

빛과 시간을 바꿔가며
누군가에게 희망이 된다면
같이 살아 온 인생처럼 공감이 된다면
허상일지언정 어제를 기억하는 꿈을
기다리며 사는 오늘이었으면 좋겠다.

소 풍·4

-여름바다-

여름 바다가
삭풍에 운다고 말할까
한 시절을 그리워했다고 말할까
시린 소리 절절하게 바닷가를 걸었다

그가 심장을 찔러
혀끝으로 질질 인생의 맛을 보았다

부르르 떨리는 몸짓이 무섭다며
잊으려 바람에 흔들려도 보지만
누군가 상처를 보듬어 주는 이가 없어
긴 팔을 늘어뜨리고 걸었다

일생을 접지 못하는
짓누르는 멍에를 벗지 못해
지상에 잠시 왔다가는 소풍에
상처를 껴안고 보듬어 안으며
언젠가 너에게 가다리라고 부른다.

소 풍·5

–폭풍과 사랑–

내 가슴에 비가 내렸다
비가 없이 천년을 건너려 했건만
별이 된 남자가 있어
벼랑 끝에 휘몰아치는 사랑 잊으려
빗속을 달렸지

생명의 강 눈물 삼키며
지옥 속 내장하나 꺼내 보는 일
아무렇지 않다는 듯
옥죄이며 살다보면
묵은 이야기들이 맴돌 때
지구를 이탈하고 싶을 때가 있었지

바람이 슬슬 비가 되어
눈가 파고들 때
견디기 힘들어
미친 듯 가끔씩
저 빗속을 질주하기도 했지.

소 풍·6

-이별 보다 아픈 건-

기다리다 하루만가네
홀로 거니는 시간이 길어
밤이면 불면증처럼 시달리며
냄새나는 추억을 밟으며
슬픈 기억 벗으려면
이별이 돌아와 안주했지

내 귀엔 추락 음이 도사리고 있었지
빈틈을 비집고 들어와
이별이 얼마나 아프냐고 묻기도 하지
새벽을 거르지 않고 비틀거리며
생각과 투정하다 유서를 쓰곤 했지

함께 걸었던 날들이 그리워
눈멀었던 이별이 아프냐고 물으면
이별은 죽을 만큼 아프다고
때론 흔적을 잊으려
이별 앞에 무릎 꿇었지.

소 풍·7

-그가-

그가
너였으면 좋겠다
심장을 잠재우는
그가
너였으면 좋겠다

바람난 마음들 지칠 줄 모르고
밤을 지새우며 가슴만 수놓는
그가
시대적 그리움 같고
마음이 통할 것 같은
그가 누구든

마음 나누지 않아도
나눈 것처럼
연민처럼 다가오는
그가
꿈을 간직한 너였으면 좋겠다
그가.

소 풍

지난 밤 별을 따서
남몰래 삼켜버리고
파도가 일렁이는
바닷가를 혼자 걸었지
세상을 등에 지고
키우던 작은 꿈들이
이젠 너무 멀리 떠나온
소풍이 되어 버렸네
그 꿈을 기억하나요
내 사랑 버려진 채로
낯설은 그 목소리가
가슴에 상처 되었네
한순간에 나를 가둔
그립고 그리운 사람
그대 안에 나를 버리고
우린 서로 타인이었네.

영화 소풍 주제곡

보고 싶어라

그대가 떠난 이 자리
추억만 쌓여 가는데
누군가를 잊으려 잊으려고
이 길을 혼자 걸었지
그대 안에 갇히운채로
그리움에 지친 채
초라한 내 모습
미워도 했었지
파도가 밀려오는
검은빛 바닷가엔
그대가 남기고간
모래위에 발자욱
이 밤이 지나가면
당신의 추억들도
파도에 지친 발자욱처럼
쓸쓸히 쓸쓸히 사라져 가겠지.

영화 소풍 삽입곡

폭풍과 사랑

그대가 너무 보고 싶어요
아픔이 밀려 올 때면
추억이 오가는 그 기억 속으로
꿈을 그리며 빗속을 달려요
추억만으로 욕심 때문이라고
쏟아지는 빗속에 서서
갈 곳 모른 채 그 길을 잊지 않으리
머물다 흩어지는 외로움에
창가를 서성이다 그날에 젖은 밤
꿈결 같은 사랑에 빗속을 걸어요
그 시간에 멈출 수 있다면.

영화 소풍 삽입곡

이별 보다 아픈 건

이별보다 아픈 건
채울 수 없는 나의 빈 가슴
이 밤 슬픔에 젖어 울어야 하나
흔적위로 감춰진 추억들이 밀려와
초라하게 쌓여가는 기억들은 난-지금
백지위로 마음만 써내려간 어둔 밤
흔들려도 보지만 내 눈물은 지금
눈빛위로 가슴만 흔들려간 기쁜 밤
흔들려도 보지만 내 눈물은 지금
웃을 수 없어요
웃을 수 없어요

영화 소풍 삽입곡

너였으면

그가
너였으면 너였으면 좋겠다
그가
너였으면 너였으면 좋겠다
흩어진 마음들이 조금씩 다가와
온 밤을 지새우며 어둔 밤 태운다
그가
너였으면 너였으면 좋겠다
그가
너였으면 너였으면 좋겠다
언젠가 눈빛으로 만나 죽었던
연민처럼 다가오는 너였으면 좋겠다
그가
너였으면 너였으면 좋겠다
그가
너였으면 너였으면 좋겠다
너였으면 좋겠다
너였으면 너였으면 좋겠다.

2부.

뻐꾹새 같은 당신

거리를 돌아보면
당신의 무늬가 가득하여
쉰 목소리로 아프다 부르면
눈이 멀어 보이지 않아도
내 존재의 끝은 당신.

-뻐꾹새 같은 당신 중에서-

그곳에 잠들고 싶다

어둠의 꼬리표
내안에 공포처럼 자리 잡은 지 오래
그곳엔 봄이 아닌 날이 없다

생각차이
숨 가쁘게 달려온 인생
얼어붙은 나뭇가지 끝에
기다림이 흐르지 않는 겨울
발걸음만 길어지고 있다

내게는 늘 잡을 수 없는 허공
누군가 끌어안았던 회복의 여정을 위해
소리가 지나고 남은 고상한 눈빛에 박혀
가슴 깊은 곳으로 가까운 시간으로 간다

가슴은 한잔 술에
망측한 생각이 즐비할 때도 있지
때론 술잔에 목덜미를 잡힐 때도 있지
구겨진 인생을 논하니

미끄러져 걸을 수 없는
저 눈 더미처럼 햇살이 그리울까
저 높은 빌딩 숲 달빛을 안고
그곳에 잠들고 싶다.

이런 날이면 말이지

눈은 말이지
물어도 대답이 없었다
누군가의 사연만 소복소복 쌓여
내 마음에 질주하고픈 파문만 일어났지

창가에 문득 누군가 뿌리내린다면
폭설로 하얗게 덮어 물이 된 마음
보기 싫은 것들이 잠들어 있어
이 눈 끝으로 녹여 버려야 한다면
다시 돌아 올수 없는 먼 바다로 떠나겠지

저 눈이 녹아 버리는 것이 왜 슬플까
저 눈을 바라보는 내 감정이 왜 슬펐을까
저 눈은 내 마음의 간이역이란 말인가
그 길에 웃음소리가 사라질지도 몰라
세상 안팎으로 생각을 못 이기면 말이야
이런 날이면 말이지
누군가 가슴으로 연민처럼 다가오는 거지.

뻐꾹새 같은 당신

뻐꾹새 둥지가 그리운 날
당신에게 가고 싶다

늘 곁에 있거늘
채울 수 없는 그 소리
잔설로 잃어버린 것들
침묵하라 그러면
내 마음은 초록섬에 갇힌다

그리움이 잠든 그 자리
가을처럼 물들어 가는데
당신은 뻐꾹새처럼
계절마다 찾아 온다

거리를 돌아보면
당신의 무늬가 가득하여
쉰 목소리로 아프다 부르면
눈이 멀어 보이지 않아도
내 존재의 끝은 당신.

물안개

물안개 피어오르는 아침
마음 속 틈새마다 둥지를 튼 새가
날개를 퍼덕거린다

고요를 파먹는 시간이다

도시를 꾹 누르고 앉은 물안개 혹은
세상의 잠에서 깨어난 숲은
지금 몰입 명상 중이다.

봄의 정사

밤낮이 꽃물 올라 환하다 했더니
봄은 저의 얼굴을 숨긴 채 먼저 와 있다

향기가 천지사방을 들썩이는 날
봄을 안방 깊숙이 맞아들여 정사를 청하자
울다 웃다 춤추며 암내만 퍼뜨린다

들뜬 바람은 가슴만 태우다
내내 꽃잎 흔들어 졸라대지만 이윽고
정사를 미룬 채 하루가 저문다.

난 너의 자태를 이길 수 없어

매달린 가지 끝을 봐라
가을 색을 좋아했는데
오랫동안 기다렸는데
잘못된 마음 배달이었다

외출복 입은 듯
색색이 곱게도 물들었구나
너를 보니
누군가를 닮은 것 같아
멍하니 바라만 본다

기나긴 나의 외로움 같아서
내가 단풍잎 같아 병이지
난 너의 자태를 이길 수 없어
아픈 10월 내려놓으니
11월은 얼마나 고된 삶이 시작될까
인생은 허공에 매달린 별자리다.

비가 내리면 그리운 사람

비가 내리면
내 마음에도 주르륵 똑똑
가슴으로 흐른다
사정없이 흐른다

멍하게 얼마나 흘렀을까
사방은 보이질 않고
우뚝선 그 실체에 묶여
두 눈이 정전된다

그리운 사람
거리마다 파란 잎새로
온통 붉게 물든 길
울퉁불퉁한 마음뿐이다

비가 내리면 그리운 사람
비로 새싹이 자라
가을 해바라기처럼 웃었다
내 마음에 그리움하나 서 있다.

당신은 행복한 사람입니다

당신은 행복한 사람입니다
음악을 들으며
누군가를 그리워한다는 것
우연이라기 보단
우리가 되고 싶습니다

내가 당신을 사랑했기에
힘들어하는 긴 숨소리를 들으며
그 사랑의 깊이를 알았습니다

우리가 이곳에서 다시 만난다 해도
그 사연을 전하며 그 이름을 부르며
아무런 의미를 줄 수 없어도
함께하는 시간만큼은
특별히 끌리는 시간이 아니어도
좋은 곳이라 기억해 주는
그런 사람이었으면 좋겠습니다.

그대는 누구십니까

그대는 누구십니까
그대와 같은 생각에
칼잠을 자는
나는 행복한 사람입니다

그 간절함이 꿈일지언정
그 순간만큼은 같이 할 수 있기에
나는 행복한 사람입니다

눈 뜨면 애타는 그리움
사방을 달리고 싶어지는
여운의 빛들은 하루가 멀게 보고픔에 젖는
같은 시간에 같은 생각하는 사람입니다

장미꽃처럼 붉게 물들어가는 마음
하늘이 무너져 내린 다해도
누군가 내 가슴에 들어와 있다고
그대와 생각이 같을 거라고.

그대 보고픔에 달리고 싶다

포커스 속에
멀기만 한 시야
나그네 마음 사로잡아
몸살로 가을을 달리고 있다

꽃잎에 젖에 무너지고 싶다
여름이 가기 전에 몸살을 앓고
내 마음 가을로 담아보려 하지만
밤을 꽃피우며 파릇파릇 자란다

어찌하면 좋을까
낙엽이 지기도 전에
허물어져간 내 마음의 창
기다려주지 못하고 내가 미웠나 보다
이렇게 밤이 두려워 줄행랑친다

인생은 구름처럼 떠도는 나그네란 말인가
꽃을 피우다만 초라해진 내 모습에
내 눈빛에 쌓인 펼쳐지는 그 언덕길로
그대 보고픔에 달리고 싶다.

내 안에 흐르는 빗물

얼마나 좋을까
스치는 바람들이 왜 이리 좋을까
눈가에 내려앉는 노을 같은 것들이
밝았다 흐려졌다 한다

내 마음 씻겨 내린 여름비는
뿌옇게 밀려오는 긴 시간
똑똑 엮어지는 빗소리
선잠을 깨우고
비는 끝내 가슴 흔드는 소리였습니다

뚝뚝 심장이 멈출 것 같은
숨 막히는 여운의 빛들 밀려와
가슴에 남은 가슴이 패인
상상에 젖은 뒤늦은 발걸음이었다

창가를 적시고 간 비는
왜 이리
내 안에 여전히 빗물처럼 흐를까요.

인연

사랑은 잠시 머물다 가는 것
머무는 동안이라도
그 시간만큼이라도
서로 사랑했으면 좋겠다

가슴이 저리도록 애태우지 말고
속살이 찢어지도록 터지지 말고
지나는 길을 기억하는 소리를 듣고
계절을 넘나드는 그런 시간을 갖는
우리였으면 좋겠다

우린 서로 가치를 위해 힘들어도
꿈은 현실이라는 것을 잊지 않으려
우연은 필연이라는 것도 잊지 않으려
서로 생각하는 그런 시간에 머물며
사랑했으면 좋겠다

필름 속에 갇힌 너의 모습이
에필로그가 아니었으면 좋겠다.

보고픔이 버려질까

눈빛은 떠나지 않습니다
필요한 만큼 떠나지 않습니다

길게 늘어진 언덕 너머
세월이 끝날 그곳에
새로 움트려는 꽃잎들이
스스로 기다리지 못하고
비 내리는 길목에
외롭다는 말조차 잊은 채
연한 마음 비집고
바람 부는 언덕을 봅니다

잊는다고
다짐하고 또 다짐하건만
보고픔이 버려질까
가슴속 깊이 감춰둔 모진 마음
외롭지 않으려
내 안에 나를 재웁니다.

당신을 사랑했나봅니다

당신을 사랑했나 봅니다
가슴이 아려와 그리움을 알았고
아픔을 느끼며 사랑을 배웠습니다
당신을 사랑했나 봅니다

당신이 떠나고
지울 수 없는 삶의 길을 걸으며
얼마나 사랑했는지
눈빛에 남은 체온 느끼며
그 사랑 얼마나 큰지 알았습니다

당신을 사랑해서 미안합니다
당신의 영혼을 지울 수 없어
생각 떨치지 못해
아침이 밉기만 합니다

당신을 지울 수 있는
시간을 걸어
미안하다고 말하렵니다.

그리움을 벗겨 버릴까

옷깃을 닿을 듯
담아 두었다 묶었던 한순간이
하얀 눈을 밟으며
뽀송뽀송 가슴깊이 담아 둔 거
그리운 사람입니다

이렇게 텅 빈 날이면
창문을 두드리는 바람 소리에
마음 한구석 비우는 일들이
이렇게 오랜 시간 머물 줄은
수없이 시간이 아파 알았습니다

순간순간 불어오는 바람인 줄 알았는데
설익은 사과처럼 붉게 익기를 기다리며
그리워했던 날보다 단비를 맞으며
푸릇푸릇 자란 시간의 아쉬움에
가을은 매혹의 밤입니다

비춰진 하얀 그리움에
묻혀 버리고 싶은 알 수 없는 깊이에
내 마음 막막하면
그리움을 벗겨 버릴까.

당신이 그리운 날

내 마음은 갈대인가 봅니다
갈대숲 사이로 지는 그리움하나
노을 끝에 매달려
막연히 그 길을 걸어봅니다

가을은 우울한 날인가 봅니다
가슴으로 전해오는 희열은
마디마디 저려오던 그날로 돌아갑니다

이렇게 갈대숲을 걸어봅니다
체온을 느낄 수 없다는 것을 알면서
가슴으로 채울 수 없다는 것을 알면서
목소리조차 들을 수 없다는 것을 알면서
당신의 흔적을 쫓아 걸어봅니다

저만치 떨어져 있으면 잊을 수 있을까
이 가을 길목에서 헤어나지 못할까
허우적대며 되돌아갈 수 없는 길에
그리움 노을처럼 서서히 물들어 갑니다.

비를 당신이라 불러도 되나요

당신은 내 마음 잘 아는 반려자
가뭄에 메말라가는 마음을 아는 사람입니다

당신은 그리워하는 세월 가르쳤습니다
서로 언약 없는 보고픔 가르쳤습니다
저절로 아픔 버리는 것도 가르쳤습니다

우리 슬퍼만하지 말고 비가 갠 맑은 날
사랑노래 부르며 샘물처럼 솟아난 빗물로
우두둑 지지배배 부르면 좋겠습니다

당신 그리움 버리지 못해
저 담 끝에
그림자 하나 묶어 두겠습니다.

오늘이고 싶습니다

그대와 함께라면
내 마음속에 모든 것을
사랑으로 감싸고 싶습니다

그대와 함께라면
그대를 위해
행복할 수 있다면
좋았던 기억만 생각하며
사랑하고 싶습니다

때론 파도에 부서지는 모래성처럼
쌓으며 같은 색을 생각하며
같은 무늬를 입는 동반자로
청아한 아침을 맞이하고 싶습니다

그대와 함께라면
떠오르는 붉은 태양처럼
언약했던 간밤을 생각하며
오늘이고 싶습니다.

그대를 기다리며

하루만 비워도 그리운 곳
누군가 기다리는 것 같이
가슴이 텅 빈 것처럼 허전합니다

우린 서로 기다림으로
사는 가 봅니다
하루에 몇 번씩 닉네임이
아른거려 견딜 수가 없습니다

보고픔에 지쳐가고 있다는 것인가요
오늘도
그대 소식 기다리며 아침을 엽니다

당신은 꿈속에서
마음편지를 받아보셨는지요.

그 길을 버리고 싶다

기다림은 긴 시간
보고 싶음에 젖어드는 날
울컥 흩어지는 소음 같은 것
호흡소리 멈춘 자리 들썩여도
가보지 않고는 알 수 없는 길
순간순간 가깝게 느껴졌다
희미하게 소멸되는 길
저 벼랑 끝은 외면하는 걸까
이렇게 비가 내리는 날
빗속에서 눈물 한 방울로
가슴에 쌓인 시간
씻어 낼 수 있다면
저 빗속 질주 하고 싶다.

별을 그리워하렵니다

가끔은 그 길을 걷습니다
계절 따라 몽유병처럼 도사리는
지울 수 없는 쓰리고 고된 몸살에
익숙해지는 것은 행복입니다

가끔은 꾸겨진 인생을 뒤돌아보며
사랑을 잃어버릴까 봐
빗속을 걸으며 술잔에 기대어 보지만
인생은 겹겹이 쌓인 먼지를 털지 못한
미세한 소음이었습니다

시간을 벗어나지 못한 사랑은
가슴에 남아 메말라가는 눈물인가 봅니다

당신을 사랑해서 기다리는 일은
잠들지 않은 새벽길에 또 다른 등불 하나
머물다 저물지 않는 추억이 있어
별을 그리워하렵니다.

길모퉁이 사연하나

얼어붙은 발걸음마다
겨울로 늘어서 있다
끈으로 가슴을 묶었다 풀었다 하며
잎새가 떨어진 가지 끝을 동여매
무게를 저울질하듯
대롱대롱 흔들려도 꺾이지 않는다
길모퉁이 걸음이 무겁다
밤을 지새우고
추운 것도 아닌데 걷기가 싫다
발자국마다 쏟아지는 신음소리
스쳐간 지나간 바람
겨울이 서러워 외면하는 걸까
이젠 약속했던 기억도
서서히 희미해져 가는데
사연들만 길가 더 길게 늘어서 있다.

내 심장의 주인은

내 마음을 흔드는 그대는 누구십니까
나를 떠나지 못하고
서성이며 맴도는 것을 잊어야 하나요
내 마음 이렇게 떨리는 것은 왜일까요

그대 생각에 얼룩지면
흔적위로 남겨 놓은 말들 알 수 없네요
그렇게 용기 없는 자신을 달래야 하는
시간으로 떠나지 못하고
광케이블 선타고 흐르는 속삭임에
내 심장을 두근거리게 하나요
어쩌면 이대로 좋을 거라 말하고 싶어요

비가 내리면 차 한 잔 하고 싶은 생각이 돌아와
간밤을 기다려 봤지만 허공에 남아 혹독한
상상이란 것을 알았을 땐
밀려오는 그리움에 울컥대며 노랠 불렀죠
내 심장이 식을 줄 모르느냐고 물어도 보았죠
가슴에 새겨진 사진을 보니
심장이 더 뛰는 것은 왜일까요.

사랑을 훔치고 싶다

여름 더위에
불면의 밤이 오면
사랑을 훔치고 싶다

낮엔 강으로 산으로
꽃향기에 젖다보면
바람에 흔들리는 잎새는
여인의 치마폭 같아 미치고
강가를 거닐면
출렁이는 앞가슴 같아 미치고
온몸에서 뿜어져
나오는 열기에 질식한다

내게 남아 있는 시간
소중한 인연을 위해
사랑할 수 있을 때
사랑을 엿보고 싶다
이 밤이 가면
다시 사랑을 할 수 없을 것 같아
상상이라도 훔치고 싶다.

입술을 훔치고 싶다

이런 밤이면 입술을 훔치고 싶다
반짝반짝 빛나는 별빛이 지나치면
선잠이 미워 입술을 훔치고 싶다

시간에 구애받는 입술이 그리우면
술잔에 목마름을 달래다
그래도 입술이 그리우면
사정없이 훔치고 싶다

이런 밤이면
당신 입술에 깊이 눈이 패인다
당신이 선명해지면
간밤에 놓고 간 말들이 힘들어도
입술을 더듬다 갈망정
상상으로 입술을 훔치고 싶다

입술에 취하고 싶다
녹음된 그날 들추어보며
좋았던 기억만 더듬으며
입술을 훔치고 싶다.

향수

그대는 향수인가 봅니다
순백한 맑은 마음처럼
여름비를 맞아도 좋은 것은
가슴으로 스며들수록 깊어지는
향수인가 봅니다

이렇게 잔잔하게 밀려오는 그리움
저 비를 수백 번 맞아도 좋은 것은
당신을 향한 마음인 것을
만나지 못하면 수신이 거부되면
메신저로 안부를 묻는
그런 시간이었으면 좋겠습니다

서로 간절히 원하면서도 말을 못하고
살아간다 해도 무더위를 식힐 수 있는
따뜻한 말 한마디로 안부를 묻는다면
소중한 사랑으로 간직하고 싶습니다

그대를 향한 마음 이곳에 묶어두고
그리우면 가끔 내 마음 남겨도 될까요.

그대에게 편지를 쓰고 싶은 날

고마운 초록빛입니다
그대에게 편지를 쓰며
침묵에서 깨어나 일깨워줍니다

싱그러운 숲 속에 음성은 사라졌지만
여운의 빛들은 삶의 끝에 매달려
익어 떨어질 잎새 하나 그리움인가 봅니다

가슴을 절절하게 다가올 줄 알고
기웃기웃 흔들고 간 고독한 날들 앞에
나만의 그리워하는 소중한 의미로
내 마음에 뭔가 있다는 것을 확인하나 봅니다

그 마음 잊지 않으렵니다
눈으로 보지 못하고 편지를 쓰며
그대를 위해 비워둔 구석구석을 보며
속절없이 무너져 내리는 가슴을 삭히며
설레게 했던 시간으로 들어가렵니다.

그대는 향수인가 봅니다

그대는 향수인가 봅니다
느낌만으로 진한 감동이 오는 것은
그대에 대한 갈망인가요

봄 향기에 젖어보고 싶은
소용돌이치는 이 가슴은
멈출 수 없이 초점을 잃어갑니다

그대는 향수인가 봅니다
살며시 다가온 눈빛을 상상하면
보고픔 짙게 배어납니다

향수만 길 건너 왔다갔다 하지 말고
살갗에 느끼게 할 순 없나요
보고픔 솔솔 피어납니다
시간에 구애받지 않는 향수인가 봅니다.

이런 사람이 되고 싶습니다

당신의 빛깔이 되어 드리고 싶습니다
웃음이 넘쳐흐르는 그런 시간으로
차곡차곡 쌓인 마음을 줄 수 있다면
그리움을 나눌 수만 있다면
바람을 엿보며 흔들리지 않는
그런 사랑을 채워 드리고 싶습니다

창을 열었을 때
포장되지 않은 투명한 메시지로
따뜻함을 확인할 수 있는
내 마음 선물할 수 있는
행복을 마무리할 수 있는
그런 인연이 되고 싶습니다

때론 친구처럼
때론 연인처럼
아픔을 나누고 눈물을 닦아주며
서로 소망을 가꾸는 그런 인연으로
내 마음속 서성이는
신기루보다 생각을 같이하는
당신의 이정표가 되고 싶습니다.

그대가 다가오면

난 그대가 보고 싶은 날
커피 마시며
가슴을 녹이며
그 향기에 취하고 싶다

커피 잔에서 숨소리를 찾아내
그대가 다가오는 것을
느낌으로 느끼며
더욱 떨리고 싶다

나에게 희망이 있다고
입맛을 느끼듯
다가오는 감촉을 느끼며
내 마음 던지고 싶다

나에게 행복이 있다고
일상처럼 마시는 커피 속에
그대와 그리움을 타서 마실 수 있다면
내 가슴에 행복을 채워 줄
따뜻함을 상상하고 싶다.

그대와 함께라면

그대와 함께라면
저 길을 걷고 싶습니다

저 꽃노을 흐름 속에
그대와 함께라면
저 길을
이유 있이 걷겠습니다

그대와 함께라면
이 몸 으스러질망정
시간에 구애받지 않고
이유 없이 걷겠습니다

여름이 가고
여름이 안 온다 해도
그대와 함께라면
험난한 길일지언정
그대와 함께
저 길에 서서 허탈하게
신명나게 웃어보고 싶습니다.

내 마음의 간이역

쏟아지는 빗줄기를 보며
웃음으로 베어나는 꽃보다 아름다운 꽃
빗속에 흐르는 잔잔한 울림은
화사한 무늬로 도란도란 흘러나옵니다

그대 생각들로
저 빗줄기 속 흐르는 연민들은
어둠의 끝자락을 밟는 발자국은 없지만
귓가에 가냘픈 전율처럼 흘러나오는 소리가
가슴으로 요동친다

창가에 무수한 잔별 체취삼아
느끼려는 그대는 누구시기에
비가 내리면 대답이 꽂혀 있을까
어둠이 와도
빗속에 서성이는 그대는
내 마음의 간이역입니까.

그 길에 마음을 버릴까

가슴으로 비가 내린다
숨소리를 적시고 흔드는 것은
초롱초롱한 눈망울 같은 기억
가슴으로 스며드는 것처럼
그 빗속엔 발자국이 찍혀있다

비가 내리면 둥실 떠오르면
허기로 다가온 잔을 채우며
출렁대며 알몸으로 잠수하다
지독한 일상에 술잔을 비운다

삶의 언저리엔 가끔 굴절되던 의지가
빗물에 씻겨 잉태하는 밤별을 무수히 담아
화려한 등장 끝에 마음 거두는 전등처럼
빗속에 흔들리는 꽃향기를
그 길에 버릴까.

비가 내리면 지우려 했어요

바람이 그리워 더위를 좋아했어요
비가 내리면 지우려 했지만
당신이 부르는 것만 같아
기다리는 것만 같아 서성입니다

어둠에 바래오는 새벽이면
당신의 흔적을 보며 사무치는 건
당신을 잘 모르지만
내 마음도 잘 모르지만
그리움 때문입니다

한 방울 두 방울 번져오는 그리움
풍덩 풍덩 마르지 않는 강은
당신의 강이었나 봅니다

오늘도
그리움에 남겨놓은
흔적에 취해 버리면
이 밤 비가 내리면
내 마음 떠내려 보내도 될까요.

3부.

그 길은 지주다

그 길은 지주다
빗속에 진한 사연 남겨
허공에 던져 논 숙제들로
수면의 위치는 영원한 불빛 되어
세월에 젖은 눈물 꽃 피우리다

-그 길은 지주다 중에서-

그 길은 지주다

그 길은 지주다
빗속에 진한 사연 남겨
허공에 던져 논 숙제들로
수면의 위치는 영원한 불빛 되어
세월에 젖은 눈물 꽃 피우리다

그 길을 걸었지
무럭무럭 자라난 속삭이던 말들을 지나
달력의 숫자가 붉게 그려진 강가를 거슬러
끝내 알아듣지 못하는 버려진 시간을 향해
여기저기 모아온 마음의 소리 원망했다

그 길은 미완성된 길이었지
꽃이 곱게 피고 지는 풍경을 지나
풀지 못한 매듭 위로 휘날리는 찬바람
맑은 눈 시리게 왔다 가면
내 마음에 장전된 총을 들고
거꾸로 세상을 보니 찬란히 빛나고
이 길은 높고 낮은 길이라고 소리 질렀다.

가을편지

구겨졌던 마음을 꼬깃꼬깃 꺼내
가을편지를 씁니다

추억의 음악 편지를 들으며
낙엽 길을 걷어와 편지를 씁니다

마음이 지면 달빛 저 위로
어리는 그대 발자취 그을리며
첫눈 속에 갇혀 이 밤을 씁니다

붉게 파인 눈으로
하얗게 익은 종이에
마음을 펴 말린 낙엽위로
그리움하나 적으면
백지가 아니였으면 좋겠다

가을에 받을 편지는 없지만
그리운 사람에게서
편지 한통 날아 왔으면 좋겠다.

가을에 남긴 그리움

가을에 쌓인 미소가
지울 수 없이 그리운 것은
처절한 내 모습이 있기 때문이다

우수에 젖은 감성들이
왜 그렇게 아픈지
계절을 너덜너덜 꿰매고
얼마가 지나고 알았다

가을을 곱게 피지 못하고
저 멀리 저 멀리 머물다 가는
기억이 아파서
더 그리웠는지도 모른다

거리를 서성이는 흔적을 보며
정취에 가끔씩
찻잔에 달래보지만
수없는 밤 무서운 비밀로
창밖을 바라보는 습관이 생겼습니다.

갈잎에 새겨진 이름 하나

화려하던 눈빛이 거리로 내려와
수놓다 가슴에 꽂혀
숨소리마저 아프게 했습니다

지금은 어디에 있는지
들을 수 없고
가끔씩 무게에 짓눌려
이토록 시린지
간간이 눈이 아팠습니다

그래도 행복했습니다
누군가 그리워한다는 것
행복했던 시간이 있었기 때문입니다

길목마다
버리지 못한 것들
그립다는 것을
살면서 들을 수 있었습니다.

갈잎에 젖은 가슴

겨울로 가는 길목엔
갈잎에 흔들려 마음을 적셨다
문맥마저 지우려 몸을 태웠다

머물었던 가을이 춥다고
구겨진 일상이 춥다고
겨울 길이 싫다고
세월을 취하도록 섞어 마셨다

나는 보이지 않는 기억을 배부르게 먹었다
시간 속에 은은하게 풍겨나는 향기로
힘든 역경을 견고한척 이유 없이 걸었다

누구의 소리를 기우리지 않고
여름 지문을 찍어댔다
무늬가 같은 전등을 켜고
굴절되는 의지를 버리지 않고
주섬주섬 피어나는 공간에서
수없이 이슬을 먹고 꿈을 태웠다.

가을은 끝없는 도전이었다

가을 길을 물들인 주인공은 예사롭지 않다
겁 없는 아이로 태어났다
가을 정취에 옷깃을 세운 길모퉁이마다
도사리는 기억의 병으로
잠재울 수 없어
끝없이 도전하면서 살았나보다

늙어가는 흑백 필름을 지우지 못하고
그날을 잊어버릴까봐 치매라도 거릴까봐
구걸해야만 했거든
죽지 않으려 구걸해야만 했거든
이유가 그거였다

이 가을 눈빛을 찬란하게 녹인 건
내 몸속에 더러운 피가 있었거든
눈만 뜨면 카메라 들쳐 매고
내 눈을 팔아먹었지
내 눈을 팔아 얻어진 것은
오늘이었다.

이 가을이 아프다 말하면

쩌렁쩌렁 못 박는 소리
별처럼 좀 더 아름답게 살아보려고
빗방울로 소리를 냈지
온갖 불빛은 그 자리에 가만히 있다

아픈 침묵들은
피었다 지는 잔재들로
몸살을 앓다 넘어지기도 했다

조정할 수 없는 어둠
숙제처럼 찾아오면
가혹한 잔해만 남기고
송두리째 흔들고 간다

잎새가 뒹구는 거리엔
이상한 나라 말들이 번져가고
가을이 아프다 말하면
거대한 나무가 쓰러지는 소리
공해로 찌들어가는
가련한 나뭇잎을 본다.

내 마음도 그랬을까

골방 냄새가 솔솔 났다
시대적 그리움 같고
때론 뒤돌아보는 세월 같아
마지막 몸부림치는 이 가을 쓸쓸하다

가을은 이별하자고 하는데
겨울로 보내는 마음 준비가 없어
톡 하면 부서질 것 같은
낙엽 길에 그리움 쌓여만 간다

계절이 바뀌면 내 마음도 저랬을까
사납게 찌그러진 잎새처럼
지배당했는지
꼬깃꼬깃 발자취만 매달려 있다

겨울로 가는 마음은 그렇고
가을을 잡지 못하는 마음은 그렇다.

가을이 나는 좋아

바람에 날리는 그 순간
눈부시게 떠오르는 그 순간
가을이 나는 좋아

우리 이렇게 간직할 수 있어
마주할 수 있는 간밤이 있어
한순간 단풍 같은 뜨거움에
입술을 엿본 그날이 좋아

강풍처럼 쓸고 간 속삭임은
시간을 더듬으며 수놓았지
은밀한 어둠은 그날로 돌아가
순간순간 빗물로 채색되어 좋아

가을이 나는 좋아
그리움이 낙엽처럼 쏟아진 그 길에
고요함에 잠들어 헤맬 때
어찌해야 모를 때
바람에 흔들려도 보고
나목 아래 멍청히 가늠해 보는
그윽한 사진 한 장이 있어 좋아.

가을이 아픈 이유

가을 길
낙엽 물들다 흐린 날 같아
옛 기억처럼 희미해져 간
가을 나뭇잎이 슬픈 이유
알아요

가을 감싸
어지럽게 펼친 이야기
좌천의 불씨 좌초의 뱃길
울퉁불퉁 앞뒤 없이
반기만 펄럭이는 산책 길
알아요

따뜻했던 가을 산책
마음 떠난 낙엽 뒷길
바람소리마저 외면한
나무 가지마다의 악취
어둠으로 갇힌 여운의 빛
알아요.

가을 나들이

우리가 만든 가을
꿈같은 양지 거리가
낯익은 사랑으로
가을햇살 붉게 물들 그날
시인 가슴 애타다
검은 잿빛 되어도
인화(燐火)의 빛 잠들지 않으리

우리란 특별한 만남
빛바랜 세월 목 놓아 보면
천진한 웃음 부푼 가슴 뛰고
고단한 삶 먹고 낳은
서곡(序曲)의 가을 나들이 길
시를 먹고 취해 발목 잡혀 걷는 길
양지 언덕 꽃처럼 피우리.

가을을 바라만 봅니다

창가 없이 반짝이는 별이었나 봅니다
퇴색된 마음 잃어버린 시간 채워
감싸 녹인 달 같은 별이었나 봅니다

별 속에 남긴 굴레 속 겨울 준비가
낙엽에 그린 같은 무늬엔 숨결이 같고
창에 있는 투명한 별빛 표정 하나 하나가
나를 감싸고 잠들 수 있는 꿈이라 해도
숙명 아닌 숙명을 뱉어내며 걷습니다

내가 지어가는 집에 잡티를 골라 곱게 쌓으며
색 다른 낙엽이 물들다 흩어져 바람 된 방랑은
낙엽으로 비벼 만든 포장지에 갇혀
바스락 소리에 바라만 봅니다.

갈잎은 바람을 버렸다

낙엽이 물들다 만 강가엔
바람으로 흔드는 갈대 몸으로 느낀다
거센 파도로 물도 필요치 않았다
가지가 찢겨도 흔들리지 않았다

겨울로 가는 바람은 거세기만 한데
그 길은 위험수위로 찰랑찰랑
메마른 대지 엿보는 초음파 소리
울퉁불퉁한 길은 다리가 섭섭하다

하늘이 툭툭 터지는 소리
산비탈 갈라지는 소리
사르르 살갗으로 돋아나는 소리
빗나간 화살은 달빛이 선명하다

철없이 피운 꽃처럼 시듦이 서럽고
절벽에 매단 긴장은 허공이 되니
때 아닌 칼바람에 때 아닌 폭설로
갈잎이 되려고 햇살을 갉아 먹는다.

가을은 사람을
잊고 떠나나 보다

가슴이 터질 듯 밀려와 달렸다
아침은 기다려 주질 않고
갈잎이 흔들흔들 마음을 훑고 간다
어둠을 둘둘 말고 갈잎은 달린다

생각은 저 멀리 수평선 타고 흐를 뿐
그리운 얼굴만 차갑게 뺨을 치고
수만리 달려온 붉은 물살 위로
마음에 갇힌 꿈을 가득 채워 치솟는다

눈을 뜨는 세상 풍경을 보며
햇빛 따라 둥글게 웃으며 걷는다
전조등이 된 눈빛을 몰고
바람처럼 하나 둘 갈잎에 젖어 희미해진다
이렇게 가을은 사람을 잊고 떠나나 보다

갈잎에 들켜 더듬더라

바람에 취하고 갈잎에 취하니
낙엽도 나풀나풀 외면하고 가더라
발소리 절차 없이 솔솔 남기고 가더라

바람이 훨훨 부는 날
계절이 펄펄 끌던 날

바람도 사람같이 갈잎도 연인같이
수놓은 붉은 물감들은 무늬가 끌어안은
햇볕에 그을린 잿빛 하늘만 초롱초롱한데
강가에 학은 갈대숲에 멀 그래 철을 기다리더라

바람에 훨훨 세월에 훨훨
철새는 갈잎에 들켜 이미지를 더듬더라
메마른 대지에 소낙비는 시간을 더듬더라.

자유로워라

자유로워라
가을 백로처럼
허기진 들녘 바라보며
푸른 날개 접고 날아라
가을아 날아라

가까이 두고
멀리 멀어질까
눈에서 벗어나 잊을까
갇혀
가을 닮은 길
서성 거리 거라.

준비 없는 가을

거리는 가을을 먹고 피었다 지는데
사랑은 무럭무럭 자라는 걸까
세월은 채워지지 않는단 말인가

바라보는 시선도 따뜻한 마음 같은데
전해주는 마음도 신선한 것 같은데
가을은 왜 가슴을 흔든단 말인가

가을이 쓸쓸하다 말하면
누군가 내 마음 공유할까
아니면 남은 잔재들로 속삭인단 말인가

이대로 가을을 맞이한다면
이대로 가을이 떠난다면
도둑맞은 가을이 된단 말인가.

가을마다 사랑이 찾아와요

가을마다 사랑이 찾아와요
바람은 옷깃을 여미고
눈가엔 지난 그리움 밀려와
머물지 못하는 애타는 가슴에
삭혀 시들어가는 붉은 마음에
못 견뎌 가을 길에 버릴래요
가을이 너무 아파 바람이 될래요

가을마다 사랑이 속삭여요
붉게 물들어가는 옷깃을 보며
가을은 외로움이 더 타는 계절임에
고단한 삶이라는 것을 알았을 땐
애써 만들어지는 인생은 아니라고
누군가 기억을 지울 수 없는
더듬는 이런 가을이라고
미치도록 보고픈 계절 될래요.

내 마음의 호수

가을로 가는 길목마다
보이지 않는 가져갈 수 없는
내 마음의 창
소용돌이치듯 물들지 않은 갈잎에
지나다 바람에 곱게 물들려고
호수를 서성이며 길을 걷습니다

잃어버린 후회 없는 시간에
정상에 오르고 싶은 충동에 젖어
가을 산을 바라보지만
아득히 보이지 않는 높이를 기웃대며
가을 길을 안주합니다

호수에 찾아든 낯선 그림자
햇살로 그려진 노을빛을 기다리는 것은
갈잎이 휘날리는 저 언덕 너머
잔잔한 호수에 떠있는 돛단배처럼
정박해버린 내 마음의 호수입니다.

낯설지 않은 풍경

가을바람이 가슴을 흔듭니다
낯설지 않은 풍경들이 그리움 되어
갈잎에 물들어 치맛자락처럼 펄럭입니다

낡은 인연처럼 흑백영화처럼
끊어졌다 이어지는 잔잔한 그리움에
이 가을이 오면 눈부시게 펼쳐질 줄 알았던
갈증에 목마르던 오랜 세월이 비켜가 듯
지나쳐가는 눈빛에 반사되는 번쩍임에
나는 행복했었나 잃어버렸습니다

감동으로 물결 쳤던 강풍의 여름도
말 한마디 없이 저물어가는 자취에
눈부시게 엉켜 바닥을 살펴보았습니다
이렇게 또 기다려야하는 발걸음에
기약 없는 갈잎에 익어가는 거리를 서성이며
지난 그리움을 적어봅니다.

사랑에 빠졌다

가을 풍경보다 아름답게 보이는
이미지 속 눈빛을 들지 못하는
무게 없는 사랑인가보다

밤낮없이 기다려지는 그대는
화소 속에 갇힌 채
세상에 태어나게 해달라 보채면
무던히도 참았던 내 전부를 서둘면
얽매이던 그림자가 나를 째려봅니다

그대를 포장하기 위한 전술로
상상에 젖은 프로그램 속에서
이 밤이 가기 전에 몽롱한
분신 같은 사랑에 빠져 헤매는데
달력에는 공휴일이라고 쓰여 있네요.

눈물이 되어보자

가을은 저만큼 오는데
붉게 물들어 갈 풍경들이
그 자태를 뽐내려 하지만
가을비가 흔들어 놓습니다

촉촉히 젖은 길거리는
우연한 그리움들로
나뭇잎만큼이나 쓸쓸한 날입니다

낙엽으로 그을린 이별 통지서가
마음을 덜컹이게 합니다

가을비가 내리는 날이면
누군가를 기다리는 것은
가슴에 남은 그리움 때문입니다
잊을 수 없는 것들을 잊으며
한 방울 두 방울 눈물은 강이 됩니다.

4부.

우주는 감옥이다

어둠의 소리가 들렸다
정신없이 덤벼들어 정신을 차리고 나니
창밖이 환해지기 시작했다
추억이 몸살 나게 살아나
책장 사방에 철없이 갇혀있다.

-우주는 감옥이다 중에서-

고향

세월이 저만치서
단풍 빛깔 젖어드는 밤
웃음 잃었던 가을
이제 마음 가득 채비하고
눈물 속에 묻은 어미
꺼칠한 손잡고 언덕길 넘어 온다

툇마루에 앉으면
엄마 젖비린내 묻어 날 것 같은
옛날 그대로의 초가집
마당 너머 냇물 가로지르던
어린 날의 은하수,
돌아보니 작고 작은 돌다리

내 발 젖으랴 당신은 맨발에 물 적시던
냇물은 말랐어도
내 맘 속에 영원히 흐르는 그리운 고향,
어머니.

이유 없이

그대의 원죄(原罪)
무심결에 내 앞으로 지나간 죄

그대의 원죄(原罪)
이유 없이 내 마음 흔든 죄

내가 한 짓이라곤
까닭 없이 속마음 내비추고 싶은 죄

이유 없이 저 눈빛 훔치고 싶은 죄

우주는 감옥이다

우주는 나를 가두었다
사물을 포용하는 우주 말이다

우연히 스치고 지나간 인연들
아프게 살아온 날들 잊고 싶어
힘겹게 서 있노라면
웃어줄 사람은 아무도 없었다

한바탕 강변로를 질주한다
찬란한 저 불빛을 끓고 말이다
가슴에 저항하던 것들
씻어 내려나 싶었지만
내 안에 나를 가두었다

어둠의 소리가 들렸다
정신없이 덤벼들어 정신을 차리고 나니
창밖이 환해지기 시작했다
추억이 몸살 나게 살아나
책장 사방에 철없이 갇혀있다.

그리운 사람이 있습니다

두터운 외투처럼
벗겨지지 않는
강추위에도 얼어붙지 않는
그리움이 있나 봅니다

내 마음 스르륵 억누르면
가슴으로 살며시 다가오는
손닿을 수 없는
그리움이 있나 봅니다

그리움을 알았습니다
하루가 지나지 않는
내 마음 흔들고 지나가는
감칠맛 나는 습관이 생겼습니다

시간을 지우지 못하니
오래오래 배웅하며
아무런 약속이 없어도
계절이 오고 가는 것을 바라보면
당신은 꼭
오래 기다리지 않아도 다가올 것 같은
그리운 사람이 있습니다.

그리운 사람

죽은 겨울 돌아와
텅 빈 가슴 한적한 거리
숨 가쁜 교차지점 땅거미 위로
그 길 끝 생각으로 만든 마음의 길
잊지 못하는 그리움 남아
외로울 때 습관처럼 밀려와
연기 사이로 고르지 못한 핍박들은
시리도록 훑고 간 자리
투정 섞인 세월 끝 목젖은
별을 보며
이불호청 타다가 남은
불씨 꺼진 땅 위로
웃음이 걷는 노을 언덕 멈추지 않고
나 홀로 버려진 그리운 사람.

보고 싶음은 알레르기

보고 싶은 건 지울 수 없는 거야
생각마저 더 보고 싶고
생각이 만들어 엎치락 뒤치락 싸우거든

보고 싶다는 건 버릴 수 없는 거야
상상들로 마음은 더 반응하고
버린다고 생각까지 버려지는 것은 아니 거든

보고 싶다는 건 잊을 수 없는 거야
보고 싶음이 지나면 살갗이 가냘퍼지고
안개 빛은 빗방울처럼 눈가에서 자라거든

보고 싶다는 건 알레르기 같은 거야
환경에 적응하기 힘들어서
가슴에 숨어 보이지 않아도 보고 싶다 하거든.

노을빛 바다

파도소리 젖어보고 싶었는데
아무도 없는 무인도 같았어
노을빛 그림자 하나 뚝
되돌아보지만 돌아오지 않는
인생 소리마저 애타던 노을이었다

지나간 바닷가 그립다
가슴으로 흐르는 따뜻한
당신의 그림자가 있어
노을빛이 황홀했나 보다

저 바다로 걸어가고 싶다
퐁당 허우적대며 젖어보고 싶은 충동은
그날의 기억이 돌아와
안팎으로 생각을 못 이기면
눈 비비면 인기척이 없는 절대적 그리움.

기분 좋은 사람이 있습니다

찬바람이 불어도
기분 좋은 사람을 생각하면
기분 좋은 사람이 있습니다

기분 좋은 사람
서로 이유를 찾을 수 없는
만나지 않아도 싫지 않은
그런 사람이 있습니다

굳이 누구라 말을 안 해도
내 마음을 읽어주고
누군가 알려 들지 않는
거울에 내 마음 비춰주는
그런 사람이 있습니다

기분 좋은 사람은 사람인데
기분이 지나치면 밀어닥칠 그리움에
무언가 간간이 건드리면 저려오는
기분 좋은 사람이 있습니다.

나를 지배하는 이유

빗물처럼 스며드는 그리움
어둠이 내리면 욕심만큼 가슴에
그대는 말없이 충족시키려 서성인다

내 마음 빈자리를 읽으면
누군가 기다릴 것 같은 사랑은
구속이라 생각될지 모르지만
그대가 있는 것 같은 궁금증들로
기웃대며 써놓은 마음을 읽다 보면
공간의 벽을 허물어 버린다

사소한 것에 감동하듯
배경에 올려놓은 글을 보며
마음이 넘치는 그대는
아름답고 소중한 보석입니다

내 마음 흔들어 놓은 밤은
나를 지배하는 이유이니까요.

발칙한 상상

이 가슴이 붉게 물드는 것은
떨칠 수 없는 기억들입니다

마음은 꽃이 피고
수마가 핥고 더듬은 자리
낙엽은 물들어 고운 시선으로
하얗게 덮은 시야를 그리며
오랫동안 간직하고 싶습니다

가끔 떠오르는 발칙한 상상에
2010년은 숨소리가 같은
웃음을 주는 이미지로 남고 싶습니다

2010년은 추억을 간직한
발칙한 상상을 남기고 싶습니다.

도대리

-봄소풍-

마음이 솔솔 익어가는 밤
그대가 있어
숨소리가 있어
눈꺼풀이 내려앉도록 아팠지만
간밤이 돌아와
기억들로 행복했다

봄 길에 꽃을 피우려
낯선 도대리에
마음들이 모여
수놓았던 그 밤

그 산에
그 들에
그 이름에
잠들고 싶다.

이해가 가면 후회하려나

마음은 봄이 온다고 하는데
시야는 겨울을 벗어나지 못한 미련 때문일까
꽃망울 터트릴 가지마다 몸살을 앓듯
내 마음 한구석에도 봄은 멀기만 하구나

겨우내 몸살을 이기며 잠에서 깬 농부도
보이지 않는 밭고랑에 씨앗을 뿌려
결실까진 긴 폭풍을 이기며 사는 것을
꽃망울 맺혀 피기도전에
꽃바람에 묻혀 화려하기만 하구나

내 몸속에 숨어버린 나를 보며
오랫동안 기다렸던 망설였던 심오함이
수많은 사연들 비켜가지 못해
이 해가 가면 후회하려나.

기대고 싶은 마음

그리움이 돋아나 7월을 지운다
미련 없는 마음을 다스리며
미동 없는 거리의 풍경은
낯선 오늘이 아니다

정박을 끝낸 배처럼
눈앞에 펼쳐지는 그리움만 쌓여
바람결에 붉게 출렁이는데
바라보는 소리만 들립니다

그대 눈빛은 강이 되고
세월을 버티며 역류하며 흐르다
머물지 못하고 산굽이 돌아가는
은빛 강을 바라봅니다

스산한 바람결에 흔들리는
마음의 빛은 구름에 가려가고
기대고 싶은 내 마음
여름비에 흠뻑 적시고 싶은
그리움인가 봅니다.

고독한 그리움

고독 앞에 무릎을 꿇었지
시리고 아픈 인내의 진실을 넌 알겠지
고독의 몸부림을 알겠지

바람에 수없이 흔들렸다
일어나는 들풀 같은 끈질긴 인생이란 것
마음이 마음을 위로했었지

내가 힘들고 지친 밤이면
가끔 알몸으로 서 있는
고독한 내 눈썹 위로 뚝 떨어지는
가고 없는 시간이었지

이 밤을 달래주는 것은
아련히 불러주던 그 목소리가
가냘프게 살갗에 파고드는
돋아나는 하얀 서릿발 위로
멍하게 서 있는 그림자 하나뿐이었지.

난 왜 이렇게 슬플까

난 왜 그렇게 슬플까
영혼마저 슬픈 건 왜일까

슬픈 노래를 좋아하는 것은
가슴을 채우지 못한 그리움일까
구속 없이 변하지 않은 목소리일까

이별은 두렵지 않아
아픈 세월이 창밖을 서성이면
그리움에 취하고 음악에 취하면 되지
말없이 지쳐가는 긴 여운의 빛들로
간밤이 가끔 돌아와 아프다고 말할까

짙게 배어나는 그림 같은 시간
힘들다 고독을 씹어도
그리움에서 벗어날 수 없는 존재들로
가슴을 흔들어 깨우는 진동에
난 왜 이렇게 슬플까.

당신을 초대하고 싶은 날

인생은 바람처럼
휩쓸고 달려온 습관이었습니다

초라한 가을이 와 있을 줄은
너무나 가까이 와 있을 줄은
기억해 주는 눈빛이었습니다
슬픔으로 빗은 자리이었습니다

어디서 차갑게 밀려오듯
낙화소리 낙엽소리 일 듯
마음의 소리가 스산하게 측은대면
털털하게 털어 버리고 싶음에
깊어가는 여백을 채우며
어둠을 조각내 소중한 인연에 덧붙여
하얗게 저물어 가는 여울목에
포근하게 누군가에게 안기고 싶습니다.

석양에 마음을 버렸다

석양이 불러 세월을 본다
인생 냄새가 피어오르다 꺾인 저 먼 길
조급함 버리고 가면 되는데
석양처럼 순리대로 가면 되는데
신이 주신 그 자리를 버리려 하는가
석양에 비추어보니 원초를 모른다 하네

저 고운 자태를 보아라
변함없는 수억 년의 장엄함
안락이 낳은 비웃음 뒤에
존엄성마저 상실된 종이 한 장 차이
석양 물든다만 음양오행이로구나
석양 노을 비친 돌의 색을 보면 알겠느냐
바람 따라 맛을 느끼는 것 또 한 인생사거늘
석양 노을 같은 맘 버리지 못한 이유였네.

어두운 길에 불을 밝히다

마음을 치료할 수 없었다
연속된 분노의 물결은
가슴을 흔들어 심장을 짓눌렀다

자신과의 인내는
거리를 어둡게 몰고 왔고
거친 외마디 소리에 목이 조였다

시간의 흐름 속에 초침소리는
심장을 뚫고 앞섰고
뼈마디마다 응고된 말들로
세월을 멈추려 한다

오늘도 지나간 길을 걸으며
뒤돌아보는 길엔 허탈한 미소만 날리고
잠시 천사 같은 눈으로 마음을 달래듯
어두운 길을 밝게 비추며 인내한다.

기다렸습니다

기다렸습니다
오장육부 시달리며
요동쳤습니다
거리에 남긴 흔적을 보며
매달렸습니다

문학이 좋아 어울림이 좋아
모든 것을 포기하기도 했는데
때론 지그시 눈을 감았습니다

수없이 떠돌다 모인 검은 구름처럼
비가 되어 스민 가슴을 움켜잡고
모든 걸 포기하고 싶었던
이 순간 참았습니다

늘 불행하다 생각했는데
이런 날이 있어 행복합니다
뱉은 말은 마디마디 전해주는
잠재우는 시간이었나 봅니다.

모래바람은 소음이었어

투정부리던 길에
그해 여름이 떠올라도
꾹꾹 누르며 걸었다

엄습한 그 길에
깊이깊이 쌓아둔 그것들이
때론 세상 버릴 때도 있다지
모래바람 잠재우듯
집 한 채 짓고 서 있다

이름 없는 백사장에
여러 번 무너져 흩어진 이름들로
검은 파도 반짝반짝 서늘하지만
멀고도 긴 파도소리 잠겨 가는 그곳
그가 비추는 아침 햇살에 저문다

아픈 다리 이끌고
굴절이 아픈지 안 아픈지 모르며
벌레 먹은 백사장이 안 좋아도
누군가에게 호소하고 싶어서
거짓말이란 걸 알면서
서글퍼지는 거 말이지
알고 보니
모래바람은 아픈 소음이었다.

봄은 어디에서 오는 가

봄은 어디에서 오는가
심오한 마음에서 시작되는 구나

사르르 창문 두드리는 소리처럼
너의 사진첩을 더듬으며
조금씩 깊어가는 말을 적는구나

봄은 어디에서 오는가
여인네 가슴처럼
연한 꽃을 피우고 마음을 달구는
그런 설렘에 인정하려하는 구나

별빛에 여물어 가는 시간에
봄꽃 향기에 응석 부리다
기다림이 커지면
가슴에 수놓은 꽃은 봄을 비켜간다고.

내 인생은 오류였다

강가에 앉으니
내 인생은 오류였다
잔잔한 세상을 바라보는 눈도 어둡고
바람에 가르는 물살 깊이도 모르는
것만 치장한 인생이었다

바람에 출렁이는 물결도 이치가 있고
햇살에 비치는 반짝임도 이치가 있거늘
한 치 앞도 못 보는 바라보는 것만 아는
내 인생의 오류였다

인생이 어찌 고단하지 않을까
바람에 햇살에 수시로 변하는 물살을 보라
인생의 색깔도 수시로 변하지 아니 하던가
저 강물처럼 구정물을 거르고 정화하며
거센 파도를 감싸 안을 줄 아는
그런 바다 같은 마음은 될 수 없다는 것인가
인생은 겉으로 보이는 치장이었다.

마음의 선물

그대와 난
떠나지 못한 일들이
떼어내지 못해 강을 걸었지
저 강을
건너지 않는 위반 될 길을 지우고
소낙비가 내려 강을 건넜다

서로 말은 없어도
태양만큼이나 열정이 뜨거웠지
그 길 그 장소에서
사진을 꺼내보니
청순한 우릴 보고 웃었다
그 자리가 수시로 멈추었다

빗속에 적당한 간격으로
눈을 마주치며
누가 뭐라 하던 가슴에 꽂았다

그대와 난 석양이 지는 줄도 모르고
나에겐 마음의 꽃이 되었다.

우린 그렇게

우린 잔잔한 파동이 일어났다
잠시도 멈출 수 없는 눈빛으로 말이다
처음부터 그렇게 시작되었지

시간이 얼마나 지났지
나이테 하고도 며칠이 지났다
그렇게 이유 있이 시작되었지

어디서 두물머리에서
두 강이 만나 하나가 되듯 말이지
우린 우산 속에서 하나가 되었지

우린 그 빗속을 달구며
잔잔한 멜로디 들으며 말이다
심장박동 소리 커지며 속삭였지

강 사이를 두고 빗속을 질주하며
그 순간들을 잊지 않으려
지울 수 없는 우산하나 그 길에 버렸지.

세월의 강

당신이 그리운 날이면
으레 그렇듯 마음을 엽니다

당신이 그리운 날이면
놓고 간 마음의 꽃을 엽니다

오늘도
가을로 가는 길목마다
거리거리 모퉁이마다
흔적이 피어나듯
파고드는 그리움하나
멀미하듯 울렁댑니다

그렇게 애타는 것은
보고픔을 벗어나
남겨놓은 이미지들입니다
서로 속삭였던
수놓은 세월의 강입니다.

내 마음은 빈 의자

빈 의자에 새싹 나길 기다렸습니다
봄이 오면 봄이 가면
그 자리가 파랗게 돋아날 줄 알았는데
내 가슴만큼이나 메말라 버렸나봅니다

빈 의자에 아는 이 찾아와줄 줄 알았는데
마음 가득히 내려놓고 갈 줄 알았는데
왔다간 흔적 없는 그 자리에 서서
누군가 그리워하며 이름 불러봅니다

빈 의자엔 그리움만 쌓이고
빈 의자에 쓸쓸함을 훑고 간 바람
아침이 되면 아침이 가면
그 자리 채워질 줄 알았는데
서로의 기다림이 부족했던 것 같습니다.

봄을 기다리며

하얗게 가까이서 내린 눈송이
마음은 저 멀리 아련히 놓고는
안부도 없는 마음 꽃 엽니다

으레 내리는 눈이지만
은빛에 숨어 숨죽이던 오래된 장독이
그리운 것은 함박눈 같은 마음이
멀게만 느껴지는 신선함은 왜일까
마음의 봄을 기다립니다

하얗게 가려진 마음들이 서성이다
겨울이 지나 물이 되어 만난다면
꽃피는 언덕에서 숨소리를 듣겠지.

나도 눈처럼 가네

겨울을 넘나드는 소리
봄을 가기 위한 눈이 내리네
화사한 꽃을 보고 싶음이런가
시절이 돌아와 있네

멀리서 잎 트이는 소리로
햇볕을 비켜 마음 안고 가는데
길가는 겨울 둥지 틀고 있네

골목길 옹기종기한 그림자 안에
떠나간 소박한 마음들은 걷는데
흰 눈이 애처로운 아침
나도 눈처럼 화려함만 안고 가네.

내 마음의 창

마음의 창은 멀기만 하다
허물 수 없는 돌처럼 단단하면서도
지느러미처럼 끈적대는 가하면
신비스럽기도 하다

처음부터 물렁물렁했는데
비바람을 맞으며 단단해지면서
유리처럼 비치는 창 너머로
신경들을 요리조리 칼날로 깎아본다

마음의 창에는 얼굴도 숨소리도 들리는데
왔다간 흔적 없이 뿌옇게 여물어
열린 창문의 가늠도 두께를 저울질하며
벽의 무게를 쫓아 달아 본다
만수 된 마음을 떠올리니
은빛추억만 초과 한다.

기다림

하얀 목련꽃 피는
그 길에
내 마음 멈추고 싶다

겨우내 단장한 마음 구석구석
화사하게 바라보길 기다려 보지만
바람처럼 코끝에 스칠 뿐
기다림은
하얀 목련꽃처럼
고운 자태를 보고 싶어
기다리나 봅니다

떠오르는 햇살처럼
기다림이 긴 것은
하얀 목련꽃처럼
맑은 숨소리 때문입니다.

억새의 노래

억새는 몹시 바람을 좋아하는가 보다
살랑살랑 부는 강가를 즐기며
흔들리지 않는 깊은 뿌리처럼
억센 나날들을 만끽하며 산다

억새의 노래 속엔 님이 있고
사각사각 시절은 치맛자락처럼
계절을 넘나드는 억새의 노래가
정겨웠던 그날로 돌아가 억새를 부른다.

나에게 봄은

그대가 아프다고 말했어
가시가 살갗을 찌르듯
아프다고 그랬어

인생은 아픈 거라고
눈빛에 톡 쏘는 가시처럼
흉터가 살아난다고 그랬어

가끔 멈추게 하는 것은
심장에 찔린 가시가 따끔거려
축농증 같은 아픔의 충돌로
눈빛을 밟는 메마른 대지였다고 그랬어

땅과 하늘이 진동하는 소리가 나도
그 꽃은 그 자리에 피어있다고
안개가 시야를 가려 안보일 때까지
나에게 봄은
가시에 찔린 상처일 뿐이라고 그랬어.

숭례문엔 검은 사리뿐이었다

인고의 아픔이련다
몸이 불타 으스러진 액자의 풍경이
무너진 참혹한 잿더미들로 할 말을 버렸다

뉴스를 보면서 가슴이 뭉클한 것은 왜일까
600년 심장의 고동이 끊어지는 우월성이었나
눈을 감을 수 없는 소용돌이치는
고향 잃은 영혼의 먼지들은
다시 돌아올 수 있을까 싶다

돌아갈 집도 없이 버려진 뼈들만 나를 반겼다
타다 검게 그을린 잔해들로 뜨거워 비틀고 휘어진
광활한 슬픔으로 시간을 견뎠을 뿐인데
불에 태워진 주검들은 그림자에 매달고 있다

꽃샘바람이 뺨을 때리는 허물어진 잔재들 속에
흑과 백이 가려지지 않는
보호 안 되는 1구역을 지났다
숭례문엔 눈 시리게 거꾸로 잠겨있는
검은 사리뿐이었다.

내 마음 야위어 가는데

세월의 층을 한 꺼풀씩 벗긴다
앙칼지게 속살을 더듬는 피부가
햇살이 아직은 차다고 몸은 말한다

남쪽이 그리운 것은 겨울 탓은 아니지
스스로 벗지 못한 그늘진 마음을 알까

바람 때들이 모락모락 소곤대며
북서풍으로 돌진하면 철새가 미워할까

지난 미련들이 다가와
으썩대며 늦장을 부려도
내 마음 야금야금 야위어 가는데
간밤이 깨어나 나를 기다린다.

섬과 섬 사이

-동철-

난 이 섬에 들어와 섬과 섬 사이를 알았다.
인간은 늘 외롭듯 외로움을 아는 섬만이
그 존재를 알 것이다.

어느 여름날 미경과 세진이 민박집을 찾을 무렵,
이가을과 민박을 하던 한 사내가 별을 삼키고 말았다.
민영이 화장하러 가는 길에서 그들을 마주쳤다고 했다.
난 그들의 눈빛을 읽으며 긴장을 누추치 않았고
섬이라는 존재가 얼마나 중요한지를 가리키며
일깨워 주었다.

그들에게 섬은 인생이 되었다.
내 소설의 프롤로그는 이렇게 시작되고 있었다.

영화 소풍 장면 중에서

섬을 떠나며

-동철-

난 섬에서의 3년은 나에게 운명적인 삶이었다.
민영이 한 여자를 사랑하다 끝내 심화로 죽자
미경과 세진은 함께 슬퍼하고 고통스러워했다.
그리고 그들은 진정한 삶이 무언지 깨우치며
새로운 희망을 찾아 섬을 떠났다.
난 민영의 죽음으로 미경과 세진이 떠나는 것을
지켜보지도 못했다. 그들은 다음 날 아침 서로 갈
길을 찾아 떠났다는 것을 알았다.
나에게 남겨 놓은 연락처 그리고 안부가 전부였다.
그리고 며칠 후, 안부의 전화가 몇 번 왔다.
섬에서 떠나 미경과 세진은 지난 시간으로 돌아가
새로운 삶을 시작했다고 전해왔다.
난 그 소식을 듣고 얼마나 행복했는지 모른다.
그 후, 내가 섬을 떠나기 전날 사진작가 인영이 섬을
찾았다. 민영이 죽었다는 소식을 듣고
인영은 한동안 슬픔에 잠겨 있었다.
지난 시간을 돌아보며 인영도 섬을 떠났다.
섬에서 만난 두 사람의 사랑은 이렇게 막을 내렸다.
난 소풍이란 소설을 여기서 막을 내려야 했다.
영화 소풍 장면 중에서

아버지

—미경—

그 세월이 그리워 출렁이는 바다
시간의 문맥마저 다 지우니
내 인생이 저만큼 와 있다는 것을 알았다

그 길목마다
아버지 얼굴 닮은 노을이
나를 부르는 것 같아
서성이게 하는 습관이 생겼다

애타게 나를 부르던 목소리에
심장박동이 멎을 것 같은 날이면
당신이 남긴 그림자에
그만 눈물 맺힌다

이제, 함께 할 순 없지만
피가 당기듯 허기지듯
이 길을
걷고 또 걷습니다.

영화 소풍 장면 중에서

희망편지

-미경-

우린 섬에 다녀온 후
생명의 소중함을 알았다
그동안 해가 뜨고 지는 것을 망각하고 살았다
그만큼 앞만 보고 달려왔다는 것이지만
가족과 살아 숨 쉬는 모든 것들이
얼마나 소중하다는 것을 깨우치게 되었다

세진과 난 우리가 할 수 있는 무언가를 해야만 했다.
그래서 우린 희망 편지를 시작했지만
사실, 결과는 달랐다.
수많은 사람들이 어둠 속에서 빛을 잃은 채
좌절하고 고뇌하며 죽어가고 있다는 것을 알았다.

영화 소풍 장면 중에서

당신 생각에·1

—세진—

난 매순간 내 삶에서 도망치고 싶어
남겨질 내 가족들에게 삶의 부채가 너무 많아서
당신에게 했던 약속을 지키지 못할까 봐
훗날 당신을 만나는 게 너무 두려워
난 당신을 이렇게 보냈어!
당신을 난 이렇게 보냈어!
불쌍한 당신 난 그렇게 보냈지……

영화 소풍 장면 중에서

당신 생각에·2

-세진-

당신 소중하다는 것을 알았어
가슴에 묻어둔 기억, 왜 지울 수 없을까?
당신 참 미운 사람이야
나 지금 죽을 만큼 힘든데..
무슨 말이라도 해줄 순 없어?
내 작은 꿈들 당신 자취에 비틀거리고
소중했던 기억들로 아무 일도 할 수 없다고
당신 따뜻한 체온 느껴 올 때면 미칠 것만 같아
모든 것 허상이라는 것 알면서도
기다려지고 서성이게 하는 걸
보고 싶어....보고 싶단 말이야.

영화 소풍 장면 중에서

보고 싶어라

코끝을 기다리다 눈이 멀었다
가끔은 체리 향 같기도 하고
가끔은 씀바귀같이도 하다

코끝을 춥게 한다
추위를 잊은 채 필사적으로
코끝에 매달려 펼쳐지는 그 향기
세월의 늪 속으로 번져간다

가끔씩 시야에 들어오면
포착의 순간들은 본능적으로
번개 치듯 그 기억에 오버랩 된다

인생에서 없어선 안 될 것들
남극을 넘나드는 긴 여운들로
시간에 구애받지 않고
코끝에 쏴쏴 거울을 바라본다.

눈은 말입니다

눈은 말입니다
세상처럼 저렇게
내 마음의 어둠도
마냥 하얗게
덮어만 줄줄 알았는데 말입니다

눈은 말입니다
상처투성이 땅도 깨끗하게 덮어주듯
아픈 내 마음도
포근하게 덮어 줄줄 알았는데 말입니다

또 말입니다
부족한 세상도 저리 풍성하게 만들 듯
사랑이 부족한 내 마음도
따스한 온기로
채워줄 줄 알았는데 말입니다

도서출판 현대시선

2011년 4월 10일 1판 1쇄 초판 인쇄
2011년 4월 15일 1판 1쇄 초판 발행

지은이 : 윤기영
펴낸이 : 우미경
펴낸곳 : 도서출판 현대시선

등　록 : 제387-2006-00017호
본　사 : 서울시 동대문구 장안동 394-15호 203호
대표전화 070-8887-8233
지　사 : 경기도 부천시 원미구 원미동 147-12호 3층
02-844-6867 팩시밀리 02-831-5832
이메일 : hdpoem55@hanmail.net

정 가 : 8.000원
ISBN : 978-89-92687-24-9-03810